मेरी चाहतों का मकान

कुछ कविताएँ, कुछ ख़ामोशियाँ

Geetanjali Rai

BookLeaf Publishing
India | USA | UK

Made with ❤ on the BookLeaf Publishing Platform
www.bookleafpub.in
www.bookleafpub.com

Dedication

✿ समर्पण

ईश्वर को–
जो हर अँधेरे के बाद
प्रकाश बनकर मिला।

ज्ञान की उस लौ को–
जिसने प्रश्न करना सिखाया,
और स्वयं से मिलने का साहस दिया।

और उन सभी लोगों को–
जो मेरे जीवन में आए,
कुछ कहकर, कुछ सिखाकर,
और कुछ बस होकर
मुझे थोड़ा और समझदार बना गए।

Preface

भूमिका / प्रस्तावना (Preface)

हर इंसान के भीतर एक मकान होता है—
ईंट-पत्थर का नहीं,
भावनाओं का, यादों का, चाहतों का।
यह किताब उन्हीं चाहतों का नक़्शा है।

कुछ कविताएँ उन सपनों की हैं
जो पूरे नहीं हुए,
कुछ उन रिश्तों की
जो रहकर भी अधूरे रहे।

इन पन्नों में कोई दावा नहीं है
कि सब ठीक हो जाएगा।
यह बस एक स्वीकार है—
कि चाहना भी
अपने आप में एक साहस है।

अगर इन कविताओं में
आपको अपना कोई कोना दिख जाए,
तो समझिए, यह मकान अब
सिर्फ़ मेरा नहीं रहा।

Acknowledgements

आभार (Acknowledgement)

मैं आभारी हूँ
उन ख़ामोश रातों की
जिन्होंने मुझे लिखना सिखाया।

उन अधूरी बातों की
जो शब्द बनकर
कविताएँ बन गईं।

उन लोगों की
जो रहे नहीं,
पर जिनकी यादें
हर पंक्ति में साँस लेती हैं।

और सबसे ज़्यादा
अपने उस हिस्से की आभारी हूँ
जिसने टूटने के बाद भी
कलम नहीं छोड़ी।

1. मेरी चाहतों का मकान

मुझे एक घर की चाहत थी
जहाँ जिंदगी से हार कर भी जाऊँ तो सुकून पाऊँ I

मुझे एक दर की चाहत थी
दुनिया से ठोकर खा कर जब लौटू, दरवाज़ा खोलने फिर भी कोई आये I

मुझे एक छत की चाहत थी
धूप से जल कर जब ख्वाहिशे हताश हो जाये, तो छत की छाव में अपना गम भुलाऊँ I

मुझे दीवारों की चाहत थी
जब दिल भर जाए ज़ख्मो से, तो उस से लग कर अपने दुखड़े सुनाऊ I

मुझे खिड़की की चाहत थी
जब जरूरतों से कमरा कम लगे, खिड़की खोल कर थोड़ा आसमान में सजाऊ I

चाहतों का सिलसिला बहुत लंबा चला, मैं चलता गया तलाश में
तिनके बहुत जोड़े रखे थे, मगर वो मेरी चाहतो से परे थे

ईंटों को जोड़ कर कुछ बनाया तो है, कीमत बहुत है तो सजाया भी है
मगर दीवारों से लग कर रोता नही, छत पर सुकून मिलता नही

खिड़कियों से आसमान की जगह बस धुंआ सा दिखता है
दरवाज़े पर मेरा नाम तो है
पर क्या ये घर सच मे मेरा है?

2. हम और तुम

हम और तुम में
एक और बीच में अटक गया,
हम–तुम होना हमारा
जाने कैसे ज़माने को खटक गया।

बुरा वक़्त था या बुरी थी क़िस्मत,
एक को हम रोक न पाए,
दूसरा लकीरों में फँस कर
ख़ुद से ही बिछड़ गया।

अच्छा होता हम हम रहते,
और तुम भी तुमसे ही मिलते होते
अजनबियों जैसा एक रिश्ता तो होता,
वो भी हम–तुम के चक्कर में गुम हो गया।

जब तक बिना नाम के थे करीब थे
नाम मिलते ही कैसे बोझ बन गए
जहा बस एक एहसास ही काफी था
इस हम तुम के नाम पर
वो रिश्ते बस सवाल बन गया।

अब न तुम पूरी तरह मेरे हुए
न मैं ही ख़ुद का रहा,

हम–तुम की इस लड़ाई में जो खोया,
शायद वो एक सच्चा रिश्ता हमेशा के लिए बेजान हो गया।

3. जीने की एक कोशिश

चलो आज फिर से ऐसे जीने की एक कोशिश करते है
जो आज तक न कर पाये एक बार ये हिमाकत करते है

न हो डर किसीका
न दिखावा हो
न किसी का साथ हो
न किसी से कोई वादा हो
न घरोंदे की खवाहिश
न रोटी की फरमाइश
न महंगी चाहते
न सस्ती राहतें
न शोर हो
न खामोशी
न उम्र के तकाज़ें होन सीखी सिखाई बातें हो
न अंजाम की चिंता
न आगाज़ का खौफ
एक ऐसा जहां हो
जो हर जहाँ से परे हो
न आसमानी चादर हो
न ज़मीन की नमी

बस बाहें फैला दू
और ज़िन्दगी को सांस लेने दू I

4. मेरे बस की बात नहीं

मुझे मेरे ग़म में डूबे रहने दो,
कि होश में आना अब मेरे बस की बात नहीं I

साँसें खो चुकी हैं अपनी साँस,
दिल को फिर से धड़काना अब मेरे बस की बात नहीं ।

सपनों के काले बादल को बरसे बरस हो चुके हैं,
अब बहार को फिर से मनाना मेरे बस की बात नहीं I

दिन और रात का रंग अब एक-सा हो गया है,
उजालों को पहचान पाना मेरे बस की बात नहीं ।

जो हँसी कभी आदत हुआ करती थी, वो आज बोझ-सी लगती है
चेहरे पर
उम्र आने से पहले थक गयी है आवाज़, उसे फिर से उठाना मेरे बस
की बात नहीं I

बहुत गहरे है ज़ख्म वक़्त के, निशाँ जनमो तक नहीं जायेंगे
बहुत कुछ टूट गया है भीतर , उसे फिर से जोड़ पाना अब मेरे बस की
बात नहीं ।

अब जो बचा है, बस हड्डी-मांस का पुतला, चलता-फिरता एक
ख़ामोश निशान

रूह कहीं पीछे छूट गई है शायद, फिर से इंसान बन जाना मेरे बस की बात नहीं ।

5. सोचा न था

यूँ तन्हा बसर होगी ज़िन्दगी, सोचा न था,
शोर में भी ख़ामोशी पसार कर
तारों को देखेगी ज़िन्दगी, सोचा न था।

हज़ारों की भीड़ में भी नज़र न आए,
यूँ ख़ुद से ही छुप जाएगी ज़िन्दगी, सोचा न था।

तक़दीर ने जब साथ छोड़ा,
अपने साये से भी दूर जाएगी ज़िन्दगी, सोचा न था।

कोई हाथ न थाम सका जब वक़्त ने,
तो यूँ ख़ुद से ही रूठ जाएगी ज़िन्दगी, सोचा न था।

जो हर दर्द को सहना जानती थी,
एक दिन उसी दर्द से थक जाएगी ज़िन्दगी, सोचा न था।

मगर इस तन्हाई की गोद में ही
धीरे-धीरे खुद को पहचान लेगी ज़िन्दगी।

जिसे खोया समझा था हर मोड़ पर,
उसी ख़ामोशी से फिर मुस्कुराएगी ज़िन्दगी
ये कभी सोचा न था।

6. अपनी हद से आगे

उम्मीदों की परवाज़ लिए,
आँखों में आकाश लिए,
दिल में धरती का प्यार लिए,
उड़ चला हूँ मैं—कि अब रुकना नहीं है मुझको।

इस आसमान के एक छोर से उस छोर तक,
सफ़र को एक ही साँस में तय कर जाना है,
अब थकना नहीं है मुझको,
हर हद को अपनी हद से आगे ले जाना है।

तपते सूरज का एक चक्कर लगाना है मुझको,
जलकर भी रोशन रहने का सलीक़ा सीखना है,
जो डर बनकर सामने खड़ा है राहों में,
उसी डर को अपना रास्ता बनाना है।

बादलों का जहाँ घर है, वहाँ कहीं
अँधेरे में खो जाना है मुझको,
ताकि खुद को फिर से पा सकूँ,
ख़ामोशी में अपना नाम सुन पाऊँ।

तारे जहाँ से रोशनी लाते हैं,
उस उजाले में नहाना है मुझको,
और इन उम्मीदों के परवाज़ों से
हर उम्मीद से भी पर जाना है मुझको।

7. आज अमावस की रात है

आज अमावस की रात है,
सर्द रातें और घना अँधेरा,
ख़ामोशी में धड़कन की लय,
याद किए जा रहा है वक़्त भी
मेरी तन्हाई की कहानी।

आज अमावस की रात है,
सूझता नहीं कुछ,
न कुछ दिखाई देता है
कोई साया महसूस तो होता है,
परछाईं समझकर, तन्हाई उसी से लिपट कर रोती है।

आज अमावस की रात है,
कुछ आवाज़ें गूँज रही हैं,
कानों के क़रीब कोई साँस ले रहा है
कुछ जानी-पहचानी आवाज़ों में, मेरी तन्हाई अपना नाम ढूँढती है।

आज अमावस की रात है,
चाँद भी जैसे रूठ गया हो,
अँधेरा ही मेरा हमराज़ बन बैठा है
जो कहना था, वो निगल गई ख़ामोशी, और दर्द ने सीने में घर बना लिया है।

आज अमावस की रात है,

पर इस अँधेरे में भी एक सच पलता है
हर अमावस के बाद ही तो
चाँद लौटना सीखता है

मेरी तन्हाई भी शायद, किसी सुबह का पता जानती है।

8. तुम्हें हक़ है

तुम्हें हक़ है कि मुकर जाओ
जब भी ज़माने का डर सताने लगें,
जाओ हर वादा,जब हर करार बोझ बन जाने लगे I

नहीं ज़रूरी कि बहाने बनाओ,
नहीं ज़रूरी कि मुझको या ख़ुद को नज़र से गिराओ,
बस रास्ता बदल लेना चुपचाप,जब मेरी राहों में पतझड़ आने लगे।

तुम्हें हक़ है कि भूल जाओ उन सारी यादों को
वो जो साथ सजाए लम्हे थे, गिरा दो उन्हें अपनी आखों से
बस बंद बक्से में दे जाना सारी सौगात, जब मेरी आखों से रौशनी जाने लगे I

तुम्हे हक़ है की फिर कोई नया सपना सजा लेना,
जो तुम्हें फिर से मुस्कुराना सिखा दे, उसे अपना बना लेना
मगर लौटा देना पहले मुझे इन मुहब्बतों का दौर, जब मेरी चाहत बेज़ार लगने लगे।

बस याद रखना अगर रख सको की
हक़ तुम्हें जाने का है, और दर्द मुझे सहने का।
क्यूंकि कुछ इश्क़ सवाल नहीं करते, बस निभाकर ख़ामोश हो जाते हैं
तुम भी मुड़ कर सवाल न करना, जब मेरा आखरी वक़्त आनेलगे I

9. हां बस एक यही तमन्ना है

तमन्ना तो बहुत की हर सुबह तुम्हारे साथ हो
तुम हंसते चेहरे के साथ मुझसे उठाओ
जिंदगी कितनी खूबसूरत है मुझे बताओ I

तमन्ना तो बहुत है कि सुबह चाय तुम और मैं साथ बनाये
सुबह की हल्की ठंड हो, या बगीचे के मेज़ पर कप से कप टकराए
हर रोज़ अख़बारों की हेडलिनेस पर पर हम नयी कहानिया बनाये।

तमन्ना तो बहुत है कि हर रोज़ ऑफिस जाते हुए तुम्हें बाय कहुँ
तुम्हारा टिफिन, तुम्हारा पर्स, तुम्हारा रुमाल, या तुम्हारी मैं
सबको दरवाजे पर ले जाके तुम्हें
कुछ भी याद न रखने पर रोज़ नए ताने कहुँ

तमन्ना यो बहुत है कि हर रात तुम्हारे कंधे के बिस्तर पर बेपरवाह सो जाउ
आज दिन भर में क्या किया, क्या कहा सब किस्सा बयां कर जाउ
कुछ तुम्हारी सुनु..अपनी बहुत कहुँ...
या मेरे बालों में तुम्हारी उंगलियों का स्पर्श महसूस करू

तमन्ना तो बहुत है कि आज ही जीवन जीया जाए
दिल की हर बात तुमसे की जाये
तुम्हें अपने सपनों की भी नींद दी जाएगी

हां बस एक यही तमन्ना है I

10. इश्क़ और समझदारी

वो भी क्या प्यार हुआ
कि दो लोग मिले और समझदार हो गए,
अगर सच में इश्क़ समझ आ जाए,
तो उसी दिन इश्क़ से हमेशा के लिए जुदा हो गए।

इश्क़ को कहा बहुत है, पढ़ा है किसी ने,
इश्क़ को गाया है, सुनाया है, बताया है।
मगर नहीं सिखलाया किसी ने महसूस करना,
कि कैसे दिल की ज़मीन पर इश्क़
आसमान के सारे तारे उतार लाया है।

धोखे में हैं वो जो कहते हैं कि इश्क़ करते हैं,
नासमझ हैं वो जो इश्क़ के न जाने कितने मतलब निकाल लेते हैं
मतलबी ज़माने वाले, जो प्यार तक नहीं जानते,
जाने कहाँ से इश्क़ जैसा पाक लफ़्ज़ उठा लाए हैं।

इश्क़ तो वो है जो बिना कहे सब सह जाए,
जो टूटे तो आवाज़ न करे, बस और गहरा हो जाए।
जिसमें पाने की नहीं, बस लुट जाने की तलब हो,
और खुदा भी सामने आए तो नज़र झुक जाए।

इसलिए इश्क़ समझ में आ जाए तो चुप रहना,
उसे इल्म नहीं, इबादत की तरह सहना
जिस दिन लगे सब समझ आ गया

दिल की जगह दिमाग से सब सुलझ गया
समझो फिर इश्क़ से तुम अपना मुँह मोड़ आये I

11. काग़ज़ पे कमल

जब भी तेरी याद ने इस दिल को दुखाया है
हमने कलम उठा के काग़ज़ पे कमल उगाया है
जब तेरी याद में जान निकल गयी
अपने ख़ून से तेरे लिए ताजमहल बनाया है I

पर तुझे क्या ख़बर इस तामीर की थकन की,
हर ईंट में दबी है सिसकी मेरे मन की।
जो दुनिया को इश्क़ की मिसाल नज़र आया है,
वो दरअसल मेरी ख़ामोशियों का साया है।

हमने चाहा था कि तू इसे पढ़कर ठहर जाए,
मेरे दर्द की नमी को ज़रा सा समझ पाए
पर तू तो गुज़र गया एक ख़ूबसूरत वहम सा,
और ये इश्क़ मेरे हिस्से का ही सरमाया है।

अब न शिकवा है तुझसे, न खुद से कोई गिला,
जो लिख दिया मुक़द्दर ने, उसे हमने मान लिया
तेरी याद ने ही तो शायर बनाया है,
टूट कर बिखरे दिल ने ही सुर सजाया है।

आज भी जब रात स्याही बन के उतर आती है,
तेरी परछाईं लफ़्ज़ों में फिर मुस्कुराती है।
दर्द अब इबादत बनकर साथ निभाता है,
हर ज़ख़्म ने मुझे जीने का सलीक़ा सिखाया है।

12. नयी ख्वाहिश

कौन जाने की मंज़िल क्या है
किस ने उसको पाया है
जहाँ लगता है कि खोज पूरी हुई
वहीं नयी ख्वाहिश ने रास्ता बनाया है।

चलते रहे हम धूप में, छाँव की आस लिए,
हर मोड़ पर खुद से ही कुछ सवाल किए।
जो मिला उसे भी कभी पूरा न माना,
दिल ने हर बार आगे का सपना सजाया है।

कभी थक कर बैठे तो वक़्त ने समझाया,
रुकना भी सफ़र है, यह राज़ बतलाया
खामोशी ने सिखाया, साँसों ने जताया,
हर ठहराव ने भीतर कुछ गहरा उगाया है।

जो टूटे थे ख्वाब, वो ही आईना बने,
अपनी ही नज़रों में हम नए-नए सजे
हार के लम्हों ने हौसलों को जगाया,
गिरकर ही उठने का हुनर तो पाया है।

अब न मंज़िल की जल्दी, न राहों का डर,
हर कदम में बस एहसास का सफ़र
जो होना है होगा, यही सच अपनाया है,
मंज़िल से ज़्यादा, चलना ही जीवन कहलाया है।

13. बिछड़ कर मिलना भी क्या खूब होता

बिछड़ कर मिलना भी क्या खूब होता
सामने जो है, होता वही सच है
मगर फिर भी अंजाना महबूब होता है

सारे शिकवे.भुला कर, दर्द जो सहे उनसे हाथ छुड़ा कर
फिर उसी इश्क की गली में चल देते हैं
जहां सहे थे हजारों ताने, शक की सुई से छलनी हुए, या ख्वाबो के सारे टूटे थे फसाने

वो गलिया वही है, रास्ता भी वही है
मगर फिर भी बेगाना सा हर मोड़ होता है।

खुद को समझाना जितना मुश्किल था कि वो मेरा नहीं रहा अब
हमसे कहना मुश्किल है कि अब भी वो मेरा ही है
मगर कुछ बदला सा है..शायद हमसे या शादी मुझमें
कुछ टूटा है कि कुछ जुड़ गया है, सवाल ख़त्म है जवाब नदारद
लौट आये हैं कहीं से या सफर फिर से शुरू हुआ है

सब वही है मगर नहीं है वो जो.उस सफर का अंदाज़ होता है
कांधे पर सारा रख कर अब भी दुनिया भूल जाती है,
मगर आख खुलते ही तुम.में दुनियादारी दिख जाती है
हाथ में हाथ रख तो देते हैं, मगर लकीरें फिर भी जुड़ नहीं पाती

बातें तो अब भी वही ती है मगर अब बातों में वो कहाँ वो साज़ होता है।

14. ख़ामोशी की एक आवाज़

काश होती ख़ामोशी की एक आवाज़,
तो क्या है मेरे दिल में तुम्हें बता देती।
रोज़ लड़ते हैं और हार जाते हैं कितने तूफ़ानों से,
ये तुम्हें दिखा देती।

दिलों में काश होते दरवाज़े,
तो तुम्हारे जाने से पहले कुंडियाँ लगा लेती।
होती अगर कोई खिड़की एहसासों की,
आवाज़ देकर तुम्हें फिर वापस बुला लेती।

अगर होती मेरी सोच को परवाज़,
ख़यालों के सभी परिंदे उड़ा देती।
क़ैद में बंद सभी अरमानों को,
बादलों के नए पंख लगा देती।

मगर न आवाज़ मिली, न दरवाज़ा,
ना खिड़की कोई, ना उड़ने को आसमां
काश तुम समझ लेते अनकहे लफ़्ज़ों को
आखों में पढ़ लेते हर किस्सा मेरे दिल का,
मैं भी हर गम भूला कर, सब्र का दामन थाम लेती I

अब खामोशी को ही हमनवा बना लिया है,
जो याद रखने की भी थी बात उसे भुला दिया है

जब रिश्ता ही बोझ तुम पर हो गया है
तो तुम ही कहो कैसे इसे मैं अकेली ही निभा लेती I

15. मैं खुद ही खुद का कातिल हूँ

कोई और मुझे क्या सताएगा
मैं खुद ही खुद का कातिल हूँ
मुझे तोड़ने को जिन हाथों ने उठाए पत्थर
इस भीड़ में मैं भी शामिल हूँ।

उम्र भर रहा इसी बात का मलाल की
दिमाग़ जब भी लगाया, दिल से लगाया
और जब भी दिल लगाया, दिमाग़ काम न आया
इस दुनियादारी के ड्रामे में मैं हर तरह से नाकाबिल हूँ I

समझा नहीं कभी की हर सवाल का जवाब नहीं होता
लोग कहते है कुछ, करते है कुछ
हर किसी को अच्छे बुरे का ख्याल नहीं होता
इन ख्यालों के बीच का फ़र्क़ जानने को मै कहाँ काबिल हूँ I

मैं चाहता था सब मुझे समझ लें, खुद मैं कुछ भले न जान पाया
रिश्तों का किया मोल भाव, खुद को खुदा की जगह बिठा दिया
जहाँ फायदा दिखा, वहाँ ठहर गया, बस यही सीख़ मैं सीख़ पाया
इन सारी खरीदारी में भूल गया की मैं भी किसी की मंज़िल हूँ I

पछतावा भी थक चुका है, की सीख़ कर भी क्या कर लिया
आदतन मजबूर मैं, हर बार बीच में ही रास्ता बदल लिया
खुद से भाग कर अब जाऊ भी कहाँ की दुनिया बहुत छोटी है

लौट कर एक ही जगह आ जाता हूँ, की मैं ही खुद को हर बार हासिल हूँ I

16. ना तुम करो ना हम करे

अब जो गुज़र गया है, उसकी बात
ना तुम करो ना हम करे।
साथ चलने की एक नयी शुरुआत का
ना तुम करो ना हम करे।

जो टूट गया, उसे क्या जोड़े
निसान तो फिर भी रह जायेगे
मरहम चाहे जितना लगाए
दर्द उठा तो शायद फिर टूट जायेगे
टूटे दिलों को जोड़ने ये पहल, न तुम करो न हम करे I

रिश्ता बनाना बड़ा आसान था
दो लोग मिले और सपने आखों में भर लिए
फिर सच कहा से दीखता
मुहब्बत के काले चश्मे जो पहन लिए
उन झूठे कहानियों को फिर से जीना पड़े
ऐसे पैदा हालात न तुम करो न हम करे I

जो जगहसाई थी, जो था शिकायतों का पिटारा
अब खो गया है तो रहने दो
वो सिलसिला रूठने मनाने का
जो थम गया तो रहने दो
था किस्मत का खेल या थी हमारी गलतियां
जगाने की कोशिश फिर से वो जज़्बात न तुम करो न हम करे I

जो सुननी थी वो सुन न पाए जो कहना था वो कह न पाए
छोड़ दिया जब सब बीच मजधार में
पकड़ लिए जब अपने अपने किनारे
उन किनारो से कश्तियाँ फिर पानी में उतारने की बात न तुम करो न हम करे I

17. तुम मेरी राहों में आया ना करो

यूँ वक़्त-से-वक़्त बन कर बादल, आसमाँ पर छाया ना करो
लिए हुए आँखों में नमी, तुम मेरी राहों में आया ना करो।

चाँद की कश्ती में बैठ कर आसमाँ के समन्दर में कश्तियाँ लगाया ना करो
अमावस बस आने को है फिर, पल-पल डूबने का ये मंज़र दिखाया ना करो।

राह-ए-इश्क़ में वफाये भी है, जफाये भी है, इसके मंज़िल को पाने का ख्वाब आँखों में सजाया ना करो
हम निचले वक़ार भी गैर तो राह जाया कर जायेंगे, हम निभाए वफाय भी अगर तो राहें जफा कर जाएगी
बेहतर है की उन गलिओं के चक्कर लगाया न करो I

बड़ी नाज़ुक है डोर इस रिश्ते की, इसके लिए उम्र भर खुद को तरसाया न करों
इक बार जो टूटी तो दिल हो जायेगा ज़ख्मों से तार तार
इस से बांधने के लिए इतना ज़ोर लगाया न करो।

ख़ामोशी की चादर ओढ़कर जो सुकून मिला है,अपने सवालों से बार बार उसे ज़ाया न करो
कुछ एहसास अल्फ़ाज़ नहीं माँगते, उन्हें साबित करने की ज़िद रोज़ लाया न करो

जो ठहर गया है अपने आप में मुकम्मल है, उसे हर रोज़
ज़माने कसौटी की पर चढ़ाया ना करो।

18. उम्मीद का दिया

काबू नहीं कोई जज़्बात पे
इस बेमौसम बरसात में
ढूंढने चला है जो उन उजालों को,
जो इन काली घनेरी रातों में कहाँ मिलते है ।

काबू नहीं इस धड़कन पे
ग़मों से बनी इस सरगम में
ढूढ़ने चला है खुशियों के साज़
जो बैरागों के राग में नगमे बुनते है ।

काबू नहीं इन ख़यालों पे
जो एक पल भी कहीं नहीं ठहरते है
ढूढ़ने चला है सुकून उन लम्हों में
जो हर दवा से भी कड़वे लगते है ।

काबू नहीं इस तन्हाई पे
जो भीड़ में भी साथ चलते है
ढूंढ़ने चला है इस अजनबी शहर में कोई अपना
जहाँ अपनों में भी पराये बसते है ।

काबू नहीं इस उम्मीद पे
जो हर रोज़ जगती है और टूट जाती है
ढूढ़ने चला है आज फिर दिल वो उम्मीद का दिया
जो बस दिल जला कर राख बना रखते है ।

काबू नहीं इन यादों पे
जो बिना दस्तक चली आती हैं
ढूढ़ने चला है मतलब उन पलों का
जो मरहम से भी ज़ख्म हरा करते है I

काबू नहीं इस इंतज़ार पे
जो रोज़ नए सब्र के बाँध बनाती है
ढूढ़ने चला है फिर से नए खेतों को
उसी बाँध को बंजर करते है I

19. उसी बेवफा की याद आयी है

बादलों के होठों पर फिर से फ़रियाद आयी है
बरसों इंतज़ार पर भी जो न आया
फिर उसी बेवफा की याद आयी है I

आसमानी बिस्तर पर लेट गयी
मौन, निशब्द, करवाते लेती रही
समझती रही कभी खुद को, तो कभी दिल को
फिर भी दिल से उसी की चाह आयी I

कोई देख न ले इस हाल में
दुनिया का दर भी तो ऐसा है
पर यादें कचोटती रही लगातार
ज़ख्मों की तीस फिर से तूफ़ान लायी I

छुपाने को अपनी तड़प
हवाओं से खेलने लगी
भेज दिया पंछियों को घर
पत्तों को बेघर करने लगी
पर रूक न पायी कसक जो दिल की
आखिर में आसुओं की बरसात आयी I

फिर से मन हुआ हल्का हल्का
मौसम होने लगा फिर ढलका ढलका

मूँद कर पलकों को फिर दफ़न किया उस दर्द को
और बैठ गयी उसके इंतज़ार में जो फिर से सावन साथ लायी I

20. तनहा ही मेरा अंजाम आया

लाख भुलाने पर भी हर बार होंठों पर उसी का नाम आया
बरसों न जिसका कोई खत न कोई पैगाम आया I

इश्क़ को खुदा जाना इश्क़ की ही की थी इबादत
भले ही कितने ज़ख्म दिए हो की नहीं कभी कोई शिकायत
इश्क़ के नाम पर फिर भी मेरे हिस्से में ग़मों का इनाम आया I

वफ़ा निभाई हर तरह से हमने पर दलीले उसकी मान ली गयी
बेक़सूर होकर भी दिल मेरा आखरी वक़्त तक बस फ़रियाद ही करता रहा
इन्साफ के नाम पर मेरे हिस्से में बेवफाई का इलज़ाम आया I

हर वो कसम जो दी थी मुझको, हर वो रसम जो बाँधी थी
बचा न पाए हम मिट कर भी, मजबूरिओं की ऐसी आंधी आयी
लेकर सब यादें दफ़न होने चले है अब
की मेरे हिस्से में बस तनहा ही मेरा अंजाम आया I

21. मैं खुद ही खुद की नहीं सुनता हूँ

शिकवा किसी से करें क्या, जब मैं खुद ही खुद की नहीं सुनता हूँ
सच छुपा कर रोज़ मैं झूठ के ताने बाने बुनता हूँ I

रोज़ देखता हूँ हज़ारों ख़्वाब, और ख़यालों के महल बनाता हूँ।
हर दिन खड़ी होती है नयी इमारते,और मैं हवाओं में उड़ता जाता हूँ
पर जब पैर ज़मीन पर लगते हैं, तो उन्हीं सब पर चलकर आगे बढ़ जाता हूँ।

अपने ही सपनों को रौंदते हुए, खुद खुद ही से दूर चला जाता हूँ
कहता कुछ हूँ, चाहता कुछ हूँ, और करता कुछ और ही जाता हूँ।

आईने के सामने खड़ा होकर, खुद से नज़रें चुरा लेता हूँ
सवाल बहुत हैं भीतर मेरे, पर जवाब सुनने से डर जाता हूँ।

भीतर कहीं एक आवाज़ चीखती है, पर अपनी आदतों से दबा देता हूँ
हँसी ओढ़कर चलता हूँ दुनिया में, दर्द को अपनी जेब में सिला लेता हूँ I

जो टूटता है, वो दिखता नहीं बाहर, बस थकान बनकर साँसों में बस जाता है,
हर रात खुद से वादा करता हूँ, और हर सुबह वही वादा टूट जाता है।

सबसे गहरी चोट, अपने ही हाथों से लगती है

मगर फिर भी रोज़ मैं नए नए पत्थर चुनता हूँ
शिकवा किसी से करें क्या, जब मैं खुद ही खुद की नहीं सुनता हूँ I

www.ingramcontent.com/pod-product-compliance
Lightning Source LLC
Chambersburg PA
CBHW070651240926
51846CB00003BA/875
9789375100706